¿DE DÓ VIENE EL HIPO?

THOMAS CANAVAN

TRADUCCIÓN: JULIÁN ALEJO SOSA

CAPI CUA

UN SELLO DE
VR EDITORAS

Título original: *Big ideas: What makes you hiccup?*
Dirección editorial: Marcela Aguilar
Edición: Soledad Alliaud
Coordinación de diseño: Marianela Acuña
Adaptación de diseño: Cecilia Aranda
Ilustraciones: Luke Séguin-Magee

© 2020 Arcturus Holdings Limited
Esta edición fue publicada en virtud de un acuerdo con Arcturus Publishing Limited

© 2021 VR Editoras, S. A. de C. V. • www.vreditoras.com

México: Dakota 274, colonia Nápoles
C. P. 03810, alcaldía Benito Juárez, Ciudad de México
Tel.: 55 5220-6620 • 800-543-4995
e-mail: editoras@vreditoras.com.mx

Argentina: Florida 833, piso 2, oficina 203, (C1005AAQ), Buenos Aires
Tel.: (54-11) 5352-9444
e-mail: editorial@vreditoras.com

Primera edición: enero de 2021

ISBN: 978-607-8712-56-4

Impreso en México en Litográfica Ingramex, S. A. de C. V.
Centeno No. 195, Col. Valle del Sur, C. P. 09819
Alcaldía Iztapalapa, Ciudad de México.

¡TU OPINIÓN ES IMPORTANTE!

Escríbenos un e-mail a **miopinion@vreditoras.com**
con el título de este libro en el "Asunto".

Conócenos mejor en:
www.vreditoras.com
 VREditorasMexico
 VREditoras

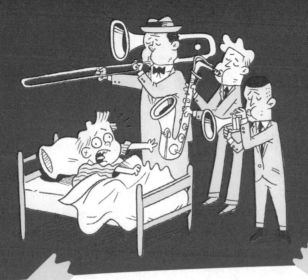

CONTENIDO

INTRODUCCIÓN

¿DE QUÉ ESTAMOS HECHOS?

Los cuerpos humanos varían de tamaño y forma,
pero por dentro somos todos iguales.
Dentro del reino animal, somos vertebrados y por eso
tenemos columna, respiramos aire por la nariz que
llega a nuestros pulmones, caminamos por la Tierra
en busca de refugio y comida y tenemos brazos, piernas,
un sistema digestivo y órganos sensoriales
que nos mantienen a salvo.

SUPERSISTEMAS

¡Pero eso no es todo! Los seres
humanos somos máquinas muy
complejas con incontables partes.
Para estudiarlas, los biólogos y
médicos las agrupan en sistemas.
Hay especialistas que estudian
los huesos, la sangre, el cerebro,
los nervios... y cada sistema
trabaja mucho dentro de
tu cuerpo.

POR AFUERA

¿POR QUÉ NECESITAMOS PIEL Y PELO?

Tu "envoltorio externo" de piel, pelo, dientes y uñas no están solo para mostrar tu belleza. Juntos te protegen de golpes e infecciones, y te mantienen a la temperatura ideal. Tu piel funciona como una manta protectora contra el frío y te permite liberar calor cuando sudas.

¿QUÉ TAN GRUESA ES TU PIEL?

El grosor varía en todo tu cuerpo. La piel más gruesa se encuentra en la planta de los pies y tiene cerca de 4 mm de espesor. Tus párpados tienen la piel más fina: es de solo 0,5 mm de espesor.

¿LO SABÍAS?

La piel es el órgano más grande de tu cuerpo. Extendida, en un niño de 13 años, podría cubrir una superficie de 1,7 m², casi el tamaño de una cama de una plaza.

¿CÓMO FUNCIONA LA PIEL?

Está dividida en capas. La que puedes ver y tocar se llama epidermis y es la capa externa. Sirve como barrera protectora de tu cuerpo. Debajo de ella está la dermis, que contiene los vasos sanguíneos, las glándulas sudoríparas y los folículos pilosos. La capa interna se llama hipodermis y conecta la piel con tus músculos.

¿ESTAMOS CUBIERTOS DE PIEL MUERTA?

La piel que ves está hecha de células muertas. Todo el tiempo nacen células nuevas en la base de la epidermis y emprenden su viaje hacia afuera. Las células más viejas, las de la superficie, mueren y son reemplazadas por las nuevas.

¿CÓMO NOS PROTEGE LA PIEL DE LOS GÉRMENES?

Piensa en todos los gérmenes que flotan en el aire y están en las cosas que tocas. La piel protege tus órganos y sistemas importantes de las enfermedades que esos gérmenes pueden causar.

¿LO SABÍAS?

Cada minuto, pierdes entre 30.000 y 40.000 células muertas de la superficie de tu piel.

7

¿DE QUÉ ESTÁ HECHO TU CABELLO?

Está hecho principalmente de una proteína llamada queratina. Es la misma sustancia que compone las uñas de tus manos y pies. También la queratina está presente en las pezuñas, garras, cuernos, y hasta en plumas y picos de los animales.

¿QUÉ TAN FUERTE ES EL PELO?

Un solo pelo humano podría soportar el peso de un objeto de unos 100 g (3 oz). ¡Casi el peso de dos barras de jabón! No es tan fuerte como el acero, pero comparte lugar con otras sustancias como el kevlar, que se usa para fabricar chalecos antibalas.

¿LO SABÍAS?

Por lo general, las personas de Asia oriental tienen el pelo más grueso que las de otras partes del mundo.

¿POR QUÉ LAS MUJERES NO TIENEN BARBA?

El vello facial era común en nuestros ancestros, pero ahora está ausente en la mayoría de las mujeres. El cambio se debe a la evolución, los humanos nos hicimos menos peludos en los millones de años desde que evolucionamos de los simios. Por otra parte, la hormona que genera el crecimiento de la barba y bigotes en los hombres está menos presente en el cuerpo de las mujeres.

¿POR QUÉ LOS NIÑOS NO SE AFEITAN?

El cuerpo de los niños empieza a cambiar a medida que se hacen adultos. Muchos de esos cambios son producidos por las hormonas (químicos generados en el cuerpo). Una de ellas, la testosterona, aumenta la musculatura, hace que sus voces sean más graves y que les crezca vello en la cara y otras partes del cuerpo.

¿QUÉ TAN RÁPIDO CRECE LA BARBA?

El pelo crece en casi todo el cuerpo a la misma velocidad: cerca de 1,25 cm por mes. Un hombre promedio pasa 60 horas al año afeitándose.

¿LO SABÍAS?

La barba más larga registrada medía unos 5,33 metros.

¿POR QUÉ NO TENEMOS PELOS EN LAS PALMAS DE LAS MANOS?

Incluso los animales más peludos no poseen folículos pilosos en la palma de sus manos o en la planta de sus pies. El pelo se perdería por la fricción constante con el suelo y haría que fuera más difícil sujetar cosas.

¿POR QUÉ LAS MUJERES NO SE QUEDAN CALVAS?

Aunque las mujeres no tienen barba, por lo general sí conservan el pelo sobre sus cabezas durante toda la vida. Y esto se debe a las hormonas. En los hombres la testosterona puede hacer que los folículos pilosos se sequen y no produzcan más pelo. Si bien las mujeres tienen también testosterona, sus hormonas femeninas protegen su pelo.

¿QUÉ ES UN FOLÍCULO?

Cada uno de tus 100.000 pelos crece dentro de su propio folículo, un órgano pequeño en la dermis.

¿LO SABÍAS?

El promedio de vida de un pelo humano es de 2 a 7 años. Luego, es reemplazado.

¿POR QUÉ TENEMOS CEJAS?

Puede parecer que fueron agregadas luego de que el rostro fuera diseñado. Sin embargo, cumplen una función práctica a la hora de protegerte. Al estar justo por encima de nuestros ojos, son las guardianas ideales para estos órganos tan delicados. Además, como sabrás, son excelentes para comunicar tus emociones.

¿QUÉ PASARÍA SI NO TUVIERAS CEJAS?

Solo mira un maniquí en una tienda y verás lo extraño que lucirías. Las cejas cumplen una función muy importante: evitan que el sudor, la lluvia y otros líquidos caigan directo a tus ojos. Junto con las pestañas, que atrapan el polvo y otros objetos, las cejas protegen tu sentido de la vista.

¿LAS CEJAS PUEDEN HABLAR?

Las cejas son una parte importante de la comunicación no verbal, esa que no necesita palabras ni sonidos. Muchas veces podemos saber el humor de otra persona con solo mirar su expresión facial. Las cejas son especialmente buenas para revelar tus emociones, como la tristeza, la felicidad, el enojo o la sorpresa.

¿CÓMO SE MUEVEN LAS CEJAS?

Hay más de 40 músculos en tu cabeza y tu rostro que te ayudan a fruncir el ceño, sonreír y levantar las cejas por sorpresa.

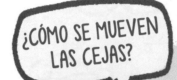

¿LO SABÍAS?

Los pelos de tus cejas son los que más lento crecen en tu cuerpo.

13

¿POR QUÉ SE NOS SECAN LOS LABIOS?

Los labios no tienen glándulas sudoríparas, por lo que no producen aceites naturales para evitar la sequedad. Además, están cubiertos por la capa de piel más fina de todo el cuerpo. Esto hace que sean más sensibles (y explica por qué, por lo general, tienen un color distinto al del resto de tu rostro, ya que los vasos sanguíneos están más cerca de la superficie).

¿POR QUÉ SE NOS DUERMEN LOS LABIOS?

Cerca de su superficie hay muchas terminaciones nerviosas. ¡Los labios reaccionan a algunas especias, como si les estuvieran haciendo cosquillas!

¿CUÁNTOS MÚSCULOS USAN LOS LABIOS?

Para una acción simple, como soplar una trompeta, usas cuatro músculos de la boca.

¿NECESITAMOS LOS LABIOS PARA VIVIR?

Una de las primeras cosas que hiciste al nacer, además de llorar, fue fruncir los labios para tomar la leche de tu mamá. Esta acción básica, o instinto, te permitió recibir nutrientes esenciales.

Hoy en día, los labios te siguen ayudando a comer, ya que sellan tu boca cuando masticas y tragas. También son muy sensibles al tacto, y eso les permite advertirle a tu cuerpo de algún peligro.

¿POR QUÉ SE MUEVEN DE DISTINTAS FORMAS?

Los músculos de los labios te ayudan a llevar comida a la boca y a hacer sonidos. Con ellos puedes producir la mitad de los sonidos que necesitas para hablar. ¡Intenta decir: "Mi mamá me mima" sin cerrar los labios!

¿POR QUÉ NOS CRECEN DOS DENTADURAS?

Puede ser extraño reemplazar toda una dentadura, pero tus primeros dientes de leche ya cumplieron con su trabajo para cuando cumpliste los 5 o 6 años. Te ayudaron a masticar, a recibir nutrientes esenciales, y a aprender a hablar. Es hora de que tu cuerpo se prepare para recibir una dentadura más grande.

¿LOS DIENTES DE LOS ADULTOS SON MÁS FUERTES QUE LOS DE LECHE?

¡No, solo son más grandes! Tus 20 dientes de leche hacen un gran trabajo cuando cortan y muelen la comida. Pero necesitas más dientes para llenar tu mandíbula en crecimiento. Los primeros la ayudaron a hacer lugar para cuando salgan los permanentes, y aún hay espacio para 12 dientes más.

¿CÓMO SABEN LOS DIENTES DE LECHE CUÁNDO CAER?

Los dientes permanentes comienzan a desarrollarse mientras los de leche aún están en su lugar. Cuando están listos, empujan a través de la mandíbula y, en el camino, disuelven las raíces de los dientes de leche. Sin sus raíces estos se caen.

¿QUÉ SON LAS MUELAS DE JUICIO?

La mayoría de las personas tiene un tercer grupo de dientes: 4 molares llamados "muelas de juicio"; suelen salir cuando cumples 20 años.

¿QUÉ HACE A LOS DIENTES TAN FUERTES?

La capa externa de tus dientes está cubierta por esmalte, el tejido más duro de todo el cuerpo.

17

¿QUÉ INDICA EL DOLOR DE MUELAS?

Es señal de que algo está mal dentro o cerca de uno de tus dientes. Por lo general, se debe a las caries: pequeñas partes del diente que fueron comidas y permitieron el ingreso de gérmenes. Por suerte, puedes prevenir las caries con buenos hábitos, como cepillarte los dientes a diario.

¿LO SABÍAS?

¡Las caries graves pueden matar! Los historiadores creen que eso le causó la muerte al antiguo faraón egipcio Ramsés II.

¿POR QUÉ EL DOLOR DE MUELAS ES TAN DOLOROSO?

La placa dental es una sustancia pegajosa que contiene muchas bacterias, y se forma todo el tiempo alrededor de los dientes. El azúcar de la comida se mezcla con las bacterias y libera un ácido que come la capa externa de tus dientes, generando cavidades o huecos. Los gérmenes ingresan por allí y atacan el interior de los dientes. El dolor es una señal de los nervios que están en la zona afectada.

¿LO SABÍAS?

Si uno de tus dientes permanentes se cae entero, un dentista lo puede volver a poner en su lugar. Remójalo en leche y háztelo ver de inmediato.

¿CÓMO PODEMOS PREVENIR LAS CARIES?

Cepillar tus dientes con frecuencia evita que se acumulen los gérmenes que los atacan. También deberías intentar no consumir tantos alimentos y bebidas con azúcar, ya que estos gastan el esmalte dental, favoreciendo las infecciones dolorosas.

¿POR QUÉ LOS HUMANOS NO TENEMOS GARRAS?

La mayoría de los mamíferos posee garras afiladas para cavar o atacar a otros. Pero los primates, el grupo que incluye a los monos y a los humanos, tienen uñas. Al evolucionar, las garras se hicieron cada vez más pequeñas y planas. Las uñas son mejores para manipular objetos pequeños, como nueces y frutas, y herramientas, algo que otros mamíferos rara vez hacen.

¿QUÉ SON LOS PUNTOS BLANCOS EN LAS UÑAS?

No son un gran problema, puede que te hayas golpeado o doblado la uña. Pero las uñas también pueden mostrarte qué tan saludable estás: si se ven oscuras o con manchas, podría ser que algo no estuviera bien.

¿LO SABÍAS?

Las uñas de la mano pueden crecer un promedio de 3,5 milímetros al mes.

¿ES MALO COMERSE LAS UÑAS?

Masticar uñas sucias puede introducir gérmenes a tu cuerpo, y también causar infecciones si te dañas la piel.

¿POR QUÉ ME TENGO QUE BAÑAR?

Tu cuerpo tiene varias maneras de combatir enfermedades e infecciones. Pero podemos ayudarlo mucho a lidiar con las bacterias y los virus. Unos buenos hábitos de limpieza, conocidos como higiene, pueden remover esos gérmenes malos que, por su tamaño, son imperceptibles a simple vista.

¿QUÉ ES UNA INFECCIÓN?

Los gérmenes son microorganismos diminutos que nos rodean, y que solo pueden ser vistos con un microscopio. Algunos de ellos son inofensivos, pero otros pueden ingresar al cuerpo y multiplicarse a toda prisa para causar enfermedades. Esa invasión se llama infección.

¿Y SI TUS MANOS YA SE VEN LIMPIAS?

Es importante lavarse las manos con regularidad, en especial, antes de comer. Los gérmenes son tan pequeños que parecen invisibles y puedes pensar que están completamente limpias. Pero todo el tiempo tocas cosas (picaportes, libros y otras manos) y ese contacto transmite gérmenes.

¿LAVAR LA ROPA PUEDE COMBATIR ENFERMEDADES?

Un lavado puede matar a las pulgas y ácaros que transmiten enfermedades y viven en alfombras y sábanas sucias.

¿LA GENTE SIEMPRE SE BAÑÓ?

Sí, incluso en la antigüedad. ¡No tienes excusa para escaparle al jabón! Las Termas de Caracalla en la antigua Roma podían albergar a 1.600 personas al mismo tiempo.

HUESOS

¿Hola?

¿CÓMO NOS VERÍAMOS SIN HUESOS?

Todo edificio necesita protección por fuera y pilares fuertes por dentro para evitar que se caiga. Lo mismo ocurre con tu cuerpo. Sin el soporte de tus huesos, te caerías como un muñeco de trapo. La estructura de tus huesos se llama esqueleto.

¿TODOS TUS HUESOS ESTÁN UNIDOS?

La mayoría de tus huesos están conectados, pero el hueso hioides, en el cuello, no está articulado con ningún otro hueso.

¿QUÉ PROTEGE TU ESQUELETO?

Tu cuerpo tiene muchos órganos delicados, como el corazón, los pulmones y el cerebro. Si duele cuando te golpeas las partes externas más duras, imagina lo malo que sería si tu esqueleto no protegiera los órganos internos más sensibles.

¿LO SABÍAS?

Los humanos actuales tenemos huesos más delicados y cabezas más redondas que nuestros ancestros de hace 4 millones de años.

¿NUESTROS HUESOS CUENTAN UNA HISTORIA?

La mayoría de las partes del cuerpo se descomponen cuando una persona muere. A los huesos les toma más tiempo hacerlo e incluso pueden fosilizarse, y eso nos permite aprender cosas sobre nuestros ancestros de hace miles o millones de años atrás. Los científicos pueden saber todo lo que hemos cambiado y qué tipo de heridas y enfermedades antiguas hemos enfrentado.

¿CUÁNTOS HUESOS HAY EN TU CUERPO?

Un esqueleto adulto tiene 206 huesos y hay muchos tipos de ellos. Tus dedos, brazos y piernas tienen huesos largos. Tus muñecas y pies tienen huesos cortos para darte apoyo y estabilidad. Los huesos planos, como las caderas, costillas y omóplatos, son fuertes para proteger órganos vitales.

¿DE QUÉ ESTÁ HECHA TU COLUMNA?

Tu columna tiene 33 huesos, llamados vértebras, que unidos forman una larga fila. En su interior, conforman un túnel que protege tu médula espinal. La mayoría de los mamíferos tienen siete vértebras en la zona cervical (del cuello), ¡sin importar que sean pequeños como un ratón o altos como una jirafa!

¿CUÁL ES EL HUESO MÁS PEQUEÑO DEL CUERPO?

Es el estribo: mide de 2,8 milímetros y se encuentra en el oído.

¿PODEMOS CAMBIAR NUESTROS HUESOS?

Con los alimentos correctos nuestros huesos pueden crecer fuertes y duros. Ejercitarse también ayuda. Con el tiempo, los huesos de los atletas se vuelven más duros y gruesos. Por lo general, los del brazo hábil de un tenista son más largos que los de su otro brazo.

¿CUÁNTOS HUESOS PROTEGEN TU CEREBRO?

Está protegido por 8 huesos planos que conforman el cráneo.

¿POR QUÉ LOS HUESOS NO SE ROMPEN CUANDO SALTAS?

Pues son lo suficientemente fuertes como para lidiar con todos tus movimientos: saltar, correr. Pero no son una masa blanca y sólida, sino que tienen una capa externa dura que soporta el peso y, a su vez, es tan liviana que te permite mover. Y en su interior, hay tejido vivo que cumple diferentes funciones en tu cuerpo.

¿QUÉ HAY DENTRO DE LOS HUESOS?

La capa externa, blanca y dura, se denomina hueso compacto y la nutren los nervios y vasos sanguíneos de una membrana delgada llamada periostio. La capa interna, el hueso esponjoso, los hace flexibles. La médula ósea, que se encuentra dentro de muchos huesos, es una fábrica que produce células sanguíneas que luego llegan a todo el cuerpo.

¿Hola?

¿CÓMO LOS HUESOS NOS AYUDAN A ESCUCHAR?

Unos huesos pequeños en tu oído llevan las vibraciones del sonido hacia tu cerebro, en donde se convierte en información sobre lo que acabas de oír.

¿QUÉ MANTIENE UNIDOS A LOS HUESOS?

Los huesos se conectan a otras redes de tu cuerpo para darle fuerza y sostén. Unos tejidos fuertes y elásticos, llamados ligamentos, unen hueso con hueso para que puedas moverlos. También los huesos se conectan a los músculos mediante bandas resistentes llamadas tendones.

¿SE PUEDEN CREAR HUESOS ARTIFICIALES?

Los científicos han creado materiales duros como los huesos, pero aún están intentando encontrar el modo de conectarlos a los vasos sanguíneos.

¿LOS HUESOS SE PUEDEN DOBLAR?

Los huesos son flexibles, por lo que no se quiebran con la más mínima fuerza. Sin embargo, no se doblan mucho. Podemos hacer diferentes posiciones con el cuerpo gracias a las uniones que existen entre los huesos. Tu esqueleto recibe la ayuda de articulaciones, músculos, tendones y ligamentos.

¿LOS HUESOS SE ROZAN?

El cartílago es un tejido flexible que cubre los huesos que se unen en las articulaciones. Reduce la fricción entre ellos y les permite moverse con mayor libertad.

¿CUÁLES SON TUS LIGAMENTOS MÁS FUERTES?

Los que conectan los huesos de tu cadera con los de tus piernas, pues soportan la mayor parte del peso y también son flexibles, lo suficiente como para que puedas abrir las piernas, por ejemplo.

¿CÓMO SE MUEVEN LOS HUESOS?

Estos se encuentran en uniones llamadas articulaciones. Algunas, como las de tus rodillas, funcionan como bisagras que permiten moverlas hacia atrás y adelante. Otras, como las de tus hombros, permiten muchos más movimientos. En cada caso, los ligamentos en ambos huesos actúan como poleas.

¿CUÁL ES LA DIFERENCIA ENTRE UN ESGUINCE Y UN DESGARRO?

A veces, una de tus articulaciones gira más allá de lo normal. Este movimiento puede estirar y dañar los ligamentos, provocando un esguince. Los desgarros ocurren cuando un músculo se estira más de lo normal. Estas lesiones son muy comunes en deportes, como el fútbol. Ambas pueden tomar más tiempo para sanar que un hueso roto.

¿NUESTROS HUESOS CRECEN?

¡Sí! Crecen cuando eres joven y te hacen ganar altura y fuerza. A veces, cuando crecen muy rápido, decimos que "pegamos un estirón". Dejan de crecer cuando eres adolescente, pero siguen desarrollándose durante toda tu vida. Están en constante renovación para poder brindarte soporte y producir células sanguíneas.

¿CUÁNTO CRECES EN UN ESTIRÓN?

Un estirón típico puede ser de hasta 8 cm en unos pocos meses, pero algunos pueden llegar hasta los 30 cm en un año.

¿CÓMO CRECEN LOS HUESOS?

Los huesos largos, como los de tus brazos y piernas, tienen placas de crecimiento en cada extremo. Dentro de ellas hay columnas de cartílago (el mismo tejido que tienes en la nariz). El cartílago se multiplica, se convierte en hueso duro y separa las placas. Con más material endurecido, los huesos se hacen más largos.

¿PERDEMOS HUESOS CUANDO CRECEMOS?

No, pero algunos se unen entre sí. Los bebes tienen más de 300 partes duras, las cuales en su mayoría son cartílagos. Una vez llegada la adultez, estas se unen y forman los 206 huesos que tiene el cuerpo humano.

Frágil

¿QUÉ OCURRE SI TE ROMPES UN HUESO?

Los huesos, al igual que otras partes del cuerpo, pueden recuperarse de lesiones graves. A los pocos minutos de una fractura, tu cuerpo comenzará sanar. Completa las tareas en etapas: primero, evita que la sangre salga, y luego produce células y vasos sanguíneos que irán reparando las partes fracturadas.

¿POR QUÉ TIENES QUE USAR UN YESO?

Un hueso lesionado podría salirse de lugar si recibe un golpe. El yeso funciona para amortiguar impactos e inmovilizar al hueso. A veces, se necesitan clavos de metal para mantener el hueso roto en su lugar.

¿CUÁNTO TARDA UN HUESO EN REPARARSE?

En los adultos un hueso roto necesita meses para sanar, mientras que en los niños los huesos suelen repararse en semanas. En ellos hay células que remueven y reemplazan el tejido viejo y otras que construyen hueso nuevo. Los niños en etapa de crecimiento tienen más células "constructoras" que "limpiadoras", y por eso el hueso puede sanar más rápidamente.

¿LO SABÍAS?

El hueso con más riesgo de fractura es el radio, ubicado en el antebrazo. Por otra parte, los ancianos suelen fracturarse más la cadera.

¿CÓMO SE REPARA UN HUESO?

Luego de romperse, el hueso forma un coágulo en la zona en la que los vasos sanguíneos quedaron expuestos. Después, aparecen más vasos que hacen que el coágulo se endurezca. El colágeno (la proteína principal de los huesos) y el cartílago aumentan y nuevas células entran en acción para convertir esos tejidos blandos en hueso duro.

¿LOS HUESOS PUEDEN ENFERMARSE?

Cualquier parte de tu cuerpo puede lastimarse o enfermarse. Si esto les ocurre a tus huesos, tu cuerpo puede perder movilidad y soporte, y también su capacidad de producir células sanguíneas. Algunas enfermedades aparecen por el deterioro normal, pero también hay infecciones que pueden desarrollarse con rapidez.

¿QUÉ ENFERMEDADES AFECTAN A LOS HUESOS?

Al igual que otras partes del cuerpo, los huesos pueden enfermarse si una infección entra a la sangre. Otros problemas de salud pueden ser hereditarios (como tener huesos débiles o quebradizos) o producto del uso constante. La artritis se produce cuando el cartílago, tejido que recubre los extremos de los huesos, se vuelve tan delgado que los huesos se rozan entre sí.

¿LOS ANCIANOS TIENEN HUESOS MÁS DÉBILES?

Los huesos son como fábricas que funcionan sin parar, y producen células sanguíneas todo el tiempo. Sin embargo, a medida que envejecemos su producción disminuye. Las células encargadas de construcción ósea, que renuevan los huesos constantemente, ya no pueden mantenerlos fuertes. Como resultado, los huesos se vuelven menos densos y más débiles.

¿LA GENTE SE ENCOGE CUANDO ENVEJECE?

Cuando envejecemos, la gravedad se hace sentir en la columna vertebral. Los discos entre las vértebras se contraen y provocan que nos veamos un poco más bajos.

¿CÓMO PUEDES VER TUS HUESOS?

Los médicos usan equipos especiales para obtener imágenes claras de tus huesos y otras partes del cuerpo debajo de tu piel. Las radiografías (rayos X) son el método más utilizado para revisar su desarrollo o sanación, en caso de haber sufrido una herida.

¿LOS RAYOS X SOLO VEN HUESOS?

Los rayos X brindan imágenes claras de tornillos y barras de metal en las articulaciones... y hasta de cosas que la gente se ha tragado.

¿POR QUÉ LOS HUESOS SE VEN TAN CLAROS?

Los rayos X son ondas de luz con más energía que la luz visible. Esta mayor energía les permite atravesar los tejidos suaves como la piel. Pero el tejido más duro y denso, como los huesos, detiene esas ondas. Una máquina de rayos X dispara la luz a través del cuerpo hacia una película fotográfica especial. Los huesos se ven como áreas blancas en donde los rayos X no alcanzaron la película receptora.

¿QUÉ OTRAS COSAS VEN LOS RAYOS X?

Un médico con una radiografía puede ver lo que está mal dentro de una persona, pero otros profesionales también usan esta tecnología. Si pasas tu maleta por una máquina de rayos X en un aeropuerto, el oficial podrá ver lo que hay en su interior. Así, buscan elementos peligrosos o prohibidos sin abrir el equipaje.

¿LOS HUESOS PUEDEN ENGORDAR?

Tus huesos no engordan, pero pueden almacenar grasa en su interior. Estos guardan reservas de energía en la grasa de la médula ósea amarilla. También almacenan minerales vitales que tu cuerpo necesita para funcionar, y las células sanguíneas que producen ayudan a mantenerte saludable y a recuperarte de una herida.

¿QUÉ ES UN TRASPLANTE?

La médula ósea produce células sanguíneas para todo el cuerpo. Algunas enfermedades provocan que esto no ocurra de manera adecuada. Las células sanas de la médula de una persona pueden ser trasplantadas a una persona enferma para ayudar a que su médula funcione mejor. También se puede hacer una transfusión de sangre de una persona a otra, si se necesita.

Los huesos jóvenes se hacen más fuertes como parte del crecimiento, en especial, si te alimentas bien y haces ejercicio. Son más fuertes en tus 20 años. Luego, su fuerza disminuye, a menos que hagas ejercicio de forma regular.

¿LO SABÍAS?

La médula ósea roja puede producir hasta 5 mil millones de células sanguíneas diarias.

¿LOS HUESOS JÓVENES TRABAJAN MÁS?

Cuando naces y durante tu infancia, casi todos tus huesos tienen una médula ósea roja. Luego, el número de esos huesos disminuye. Eso significa que los adultos poseen menos cantidad de huesos que producen células sanguíneas. Por este motivo, los niños sanan (y crecen) más rápido que los adultos.

¿POR QUÉ EL SOL ES BUENO PARA LOS HUESOS?

Algunos alimentos te dan vitamina D, pero la mejor manera de obtener una dosis regular es exponiéndote a la luz del sol. Los químicos de tu piel pueden transformar la luz solar en vitamina D. Solo necesitas estar unos 20 minutos al sol; luego ya puedes regresar a la sombra.

¿LOS HUESOS SE COMEN?

Debes evitar ingerir huesos de animales,
ya que pueden causarte daño por dentro.
Sin embargo, las espinas pequeñas de algunos
pescados, como las de los salmones enlatados,
son una gran fuente de calcio.

¿CÓMO SE MANTIENEN FUERTES LOS HUESOS?

El calcio es un ingrediente importante que los ayuda a
reconstruirse y mantenerse fuertes. Algunas comidas,
especialmente los productos lácteos (incluyendo el helado),
contienen calcio. También necesitas vitamina D para
ayudarle a tu cuerpo a extraer el calcio de la comida.

¿CÓMO TE PROTEGEN LOS CASCOS?

Hay indumentaria especial que protege a las personas de golpes que podrían lesionar o romper sus huesos. Los cascos de bicicleta sirven para protegerte el cráneo y el cerebro. Su capa externa dura distribuye la fuerza del impacto por toda su superficie. La capa interna, más suave y espumosa, absorbe esa fuerza para disminuir el impacto en tu cabeza.

MÚSCULOS Y MOVIMIENTO

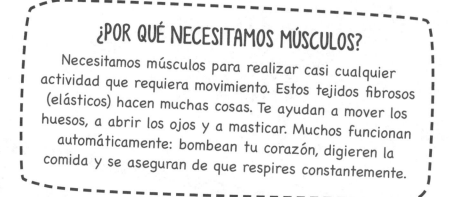

¿POR QUÉ NECESITAMOS MÚSCULOS?

Necesitamos músculos para realizar casi cualquier actividad que requiera movimiento. Estos tejidos fibrosos (elásticos) hacen muchas cosas. Te ayudan a mover los huesos, a abrir los ojos y a masticar. Muchos funcionan automáticamente: bombean tu corazón, digieren la comida y se aseguran de que respires constantemente.

¿POR QUÉ PUEDES OÍR A TU CORAZÓN?

Cada latido de tu corazón es el sonido de un músculo que cierra una válvula cardíaca (una parte del corazón que controla el flujo de sangre).

¿CUÁNTOS MÚSCULOS USA TU SONRISA?

Utilizamos muchos músculos para hacer una variedad de sonrisas: entre 10 y 43 músculos para cada sonrisa.

¿QUÉ MÚSCULOS NECESITAS PARA HABLAR?

Los de tu lengua, un conjunto de músculos, para generar sonidos. Los de tu cara y mandíbula para abrir y cerrar la boca y hacer otros sonidos. Y el diafragma, debajo de tus pulmones, para que el aire salga de tu boca cuando hablas.

¿NOS MOVEMOS AUN CUANDO ESTAMOS QUIETOS?

Imagina que tu cuerpo es una fábrica. Puede parecer tranquila y silenciosa por fuera, pero por dentro ocurren muchas cosas. Los productos pasan de un lugar a otro, las puertas se abren y se cierran y el combustible proporciona energía para todas las máquinas.
Tus músculos le permiten a la "fábrica" de tu cuerpo seguir funcionando, incluso cuando no te mueves.

¿CÓMO SON LOS MÚSCULOS?

Si miras con atención una banda elástica, verás que está compuesta por hilos que se estiran y contraen. De cerca, nuestros músculos son parecidos, aunque tienen formas especiales dependiendo de sus funciones. Todos responden a las señales de tu cerebro, que les dice que se contraigan (tensen) o relajen.

¿TUS OJOS TIENEN MÚSCULOS?

¡Sí! El iris tiene un músculo que abre y cierra la pupila para controlar la entrada de luz. Y hay otros seis músculos alrededor de tu ojo para mover tu globo ocular.

¿CUÁNTOS MÚSCULOS HAY EN TU CUERPO?

Tu cuerpo tiene unos 640 músculos. Hay personas que consideran que algunos de ellos son grupos de músculos más pequeños, por lo que el total puede ser aun mayor. Sea cual sea, hay tres grupos principales: esqueléticos (que mueve tus huesos), cardíacos (en tu corazón) y lisos (principalmente en tu sistema digestivo).

¿QUÉ TAN GRANDE ES TU CORAZÓN?

Junta las dos manos con los dedos entrelazados. Ese es el tamaño aproximado de tu corazón.

¿CÓMO SON LOS DISTINTOS MÚSCULOS?

Los músculos esqueléticos están compuestos por bandas ligeras y oscuras llamadas fibrillas, que hacen que se vean rayados. Son los únicos que podemos controlar y la mayoría están aferrados a los huesos. Los músculos cardíacos bombean sangre desde y hacia el corazón y también tienen bandas oscuras. Los músculos lisos, ubicados en las paredes de muchos órganos, reciben su nombre porque carecen de rayas.

¿CÓMO NOS AYUDAN A MOVER?

Los músculos esqueléticos te ayudan a mover el cuerpo. Están aferrados a los huesos por medio de un tejido fuerte llamado tendón. Cuando un músculo se contrae, atrae al tendón que está conectado al hueso y lo levanta. Tú puedes controlar estos músculos, tensándolos o relajándolos cuando quieras.

¿CUÁNTOS MÚSCULOS NECESITAS PARA CAMINAR?

Dar un simple paso requiere de muchos movimientos: tienes que levantar la pierna del suelo, moverla hacia adelante, bajarla y mantener el equilibrio, todo al mismo tiempo. Entonces usas los músculos de tu cadera, cola, muslos, piernas, pies, dedos y también los de tus brazos, muñecas, barriga y espalda. Aproximadamente utilizas unos ¡200 músculos!

¿LAS PERSONAS TENEMOS MÚSCULOS DIFERENTES?

Todos tenemos la misma cantidad de músculos, pero sus formas y tamaños varían. Esto hace que algunas personas tengan ventaja en ciertas actividades, como correr largas distancias o nadar.

¿LO SABÍAS?

El músculo más grande del cuerpo es el glúteo mayor en la cola. Ayuda a mover tu espalda y tu hueso más largo, el fémur (el hueso del muslo).

¿POR QUÉ LOS MÚSCULOS TRABAJAN EN EQUIPOS DE DOS?

A menudo trabajan juntos en pares para doblar o enderezar una articulación. Cuando doblas tu codo, estás contrayendo los bíceps en la parte anterior y, al mismo tiempo, relajas los tríceps en la parte posterior. Para estirar los bíceps, solo tienes que hacer el movimiento contrario.

¿LOS MÚSCULOS TIENEN MEMORIA?

Es cierto. Los músculos pueden recordar una serie de movimientos en el orden correcto. Se llama memoria muscular. Pero, en realidad, es tu cerebro el que está al mando. Como una computadora con un conjunto de comandos guardados, tu cerebro almacena una serie de señales que envía a tus músculos cuando necesitan hacer ciertas acciones.

¿LA PRÁCTICA SIEMPRE HACE A LA PERFECCIÓN?

Desafortunadamente, la memoria muscular no siempre te permite hacer mejor las cosas. También puede evitar que avances, si cometes los mismos errores una y otra vez.

¿PARA QUÉ NECESITAMOS LA MEMORIA MUSCULAR?

Imagina tener que pensar en cada movimiento de tu brazo cuando juegas al tenis, o cada vuelta de tus dedos cuando te atas los zapatos. Por suerte, tus músculos pueden ser entrenados para repetir acciones, una y otra vez.

¿PUEDE AYUDARTE A TOCAR EL PIANO?

Sí, pero no importa qué tan grande sean tus músculos, sino cuántas veces los has usado para tocar una secuencia de notas.

¿LO SABÍAS?

Tu cuerpo nunca se apaga. Trabaja todo el día, incluso cuando duermes. Los músculos brindan movimiento y actividad para que todo siga funcionando. Los músculos lisos son involuntarios y recubren tus órganos y vasos sanguíneos. Sus contracciones ayudan a mover la sangre, la comida y otras sustancias por todo tu cuerpo.

¿CÓMO HACE TU CORAZÓN PARA MANTENER EL RITMO?

Las capas externas de tu corazón contienen un grupo de células musculares que producen una pequeña corriente eléctrica. Estas pulsaciones eléctricas lo hacen latir a un ritmo seguro y constante.

¿TUS MÚSCULOS PUEDEN CONVERTIRTE EN UN CAVERNÍCOLA?

Cuando te asustas, tu cerebro envía una señal a las glándulas que producen un químico llamado epinefrina (o adrenalina). Tu ritmo cardíaco se acelera y la sangre avanza hacia tus músculos, preparándote para que te enfrentes al peligro o escapes de él, tal como los primeros humanos habrían hecho si estaban bajo ataque.

¿LOS MÚSCULOS CARDÍACOS PUEDEN CONFUNDIRSE?

Sí. Algunas personas tienen un ritmo cardíaco irregular que corrigen con un dispositivo llamado marcapasos. Este le envía pulsaciones regulares al corazón.

¿POR QUÉ A VECES RESPIRAMOS RÁPIDO?

El diafragma es el músculo que controla la respiración. Su velocidad depende de cuánto dióxido de carbono (un desecho) haya en la sangre. Si hay mucho, como cuando haces ejercicio, entonces respirarás rápido. Si hay poco, como cuando duermes, tu cerebro le dirá al diafragma que te haga respirar más lento. Es automático.

¿CÓMO SE CONSIGUE VOLUMEN MUSCULAR?

Si un levantador de pesas y tú se pararan uno al lado del otro y mostraran sus músculos, los del levantador se verían mucho más grandes que los tuyos. Pues estos deportistas aumentan su volumen muscular levantando cargas pesadas. ¡Pero es más importante mantener tus músculos fuertes con ejercicios regulares que tenerlos marcados!

¿TODOS LOS EJERCICIOS AUMENTAN EL VOLUMEN MUSCULAR?

Los diferentes tipos de ejercicios ayudan a mantener tus músculos fuertes, pero el levantamiento de pesas causa desgarros pequeños en ellos. Estos músculos se vuelven más grandes (o ganan volumen) a medida que sanan.

¿QUÉ TAN PESADAS SON LAS PESAS?

En las competencias de peso muerto, los atletas levantan barras de unos 500 kg hasta la altura de sus muslos. ¡Casi el peso de una cebra adulta!

¿SE PUEDEN ALARGAR LOS MÚSCULOS?

Es imposible alargar los músculos, ya que están unidos a los huesos por tendones en cada extremo. Crecen cuando eres joven, pero se detienen cuando alcanzas tu altura adulta. Imagina un camino que conecta dos ciudades: no podrías alargarlo, pero sí ensancharlo. Trabajar los músculos los ensancha.

¿CUÁLES SON TUS MÚSCULOS ABDOMINALES?

No solo tus brazos y piernas tienen músculos. Tu torso tiene músculos que son de extrema importancia para realizar movimientos completos. Los músculos abdominales y los de la espalda baja te mantienen fuerte y te ayudan a sentarte derecho, a caminar mejor y a hacerte sentir bien si están tonificados.

¿QUÉ ES UN CALAMBRE MUSCULAR?

Cada vez que los músculos se contraen y relajan intercambian químicos. El tejido de un músculo en reposo es largo y estirado. Cuando el músculo se contrae, el tejido se tensa y entra el calcio y sale el sodio (la sal). Por lo general, el músculo se vuelve a relajar rápidamente, pero hay veces en las que se mantiene tenso y contraído y causa dolor. Eso es un calambre.

¿QUÉ TE CAUSA UNA PUNZADA CUANDO CORRES?

Se cree que el dolor agudo que sientes cuando haces ejercicio es un calambre en el diafragma (el músculo que está debajo de tus pulmones). Estírate hacia el lado opuesto de la punzada para aliviarlo.

¿HACER EJERCICIO DESPUÉS DE COMER CAUSA CALAMBRES?

Probablemente no, pero puedes sentirte mal o sin energía si lo haces ni bien terminas de comer. Durante el ejercicio, el flujo sanguíneo se desvía hacia tus músculos, en lugar de focalizarse en tu sistema digestivo. Esto hace que sea difícil digerir grandes cantidades de comida.

¿LOS MÚSCULOS SE MUEVEN POR ERROR?

Los movimientos involuntarios (llamados tics nerviosos) suelen ser temporales y se producen cuando una terminación nerviosa envía accidentalmente una señal hacia un músculo.

¿LOS CALAMBRES SON MALOS?

La mayoría son el resultado inofensivo de hacer mucho ejercicio, o de hacerlo muy rápido, o de no haber bebido suficiente agua antes. Eso hace que al músculo le cueste recibir nutrientes y expulsar desechos correctamente. Sin embargo, los calambres muy severos, prolongados o frecuentes pueden indicar problemas médicos más amplios.

¿LOS MÚSCULOS NECESITAN UN COMBUSTIBLE ESPECIAL?

Los músculos obtienen la mayor parte de su energía de la glucosa, un tipo de azúcar presente en muchos alimentos, y usan el oxígeno de la sangre para convertirla en energía. Esta es una reacción química que también libera agua y dióxido de carbono. La energía puede ser utilizada de inmediato o almacenada para usar más tarde.

¿POR QUÉ LOS TENISTAS COMEN BANANA?

Los plátanos contienen muchos carbohidratos (los cuales liberan glucosa) y también potasio, que ayuda a prevenir calambres.

¿UNA DIETA BALANCEADA AYUDA A LOS MÚSCULOS?

Una dieta balanceada incluye comer una variedad de alimentos que proporcionen proteínas, grasas y carbohidratos. Ese balance beneficia a la mayoría de los sistemas de tu cuerpo y es especialmente bueno para los músculos. Los carbohidratos (papas, pasta y granos) te dan energía. Las grasas almacenan parte de esa energía, y las proteínas son los "cimientos" de los músculos.

¿PERDER PESO ES MALO PARA LOS MÚSCULOS?

Sí, porque si intentamos perder peso muy rápido, el cuerpo usará los nutrientes de los músculos como fuente de energía, en lugar de grasa.

¿LAS BEBIDAS ENERGIZANTES SIRVEN?

No deberías consumirlas, pues las bebidas energizantes prometen darte fuerza y lucidez, pero a menudo contienen mucha azúcar (para darte glucosa) y cafeína (el estimulante del café que mantiene a la gente despierta). En su lugar, come un plátano para obtener energía, bebe agua para no deshidratarte y un vaso de chocolatada después de hacer deporte. Así, tus músculos recibirán una buena cantidad de nutrientes. ¡Miam, rico!

¿POR QUÉ HACER EJERCICIO "ARDE"?

Algunas personas dicen "sentir ardor" cuando ejercitan mucho un determinado músculo. Eso es porque el oxígeno en la sangre ayuda a los músculos a usar la glucosa para producir energía. Si ejercitas mucho, entonces tus músculos usarán todo el oxígeno de la sangre cercana; luego, convertirán el azúcar en oxígeno y se generará ácido láctico, el que te provoca esa sensación de ardor.

¿LO SABÍAS?

Hacer ejercicio puede hacerte feliz. Los científicos descubrieron que entrenar los músculos produce unos químicos llamados endorfinas, que envían señales de "Soy feliz" al cerebro.

¿QUÉ PASA SI ENTRENAMOS DEMASIADO?

Sentir el ardor es una señal de que tus músculos han estado trabajando mucho. Eso puede ser una buena señal, pero también te indica que puedes haber ido demasiado lejos y necesitas descansar. Mucho ácido láctico puede dañar tus músculos.

¿CUÁNTO EJERCICIO NECESITAS?

La gente joven debería practicar una hora todos los días. No importa qué clase de ejercicio sea, siempre y cuando los haga respirar rápido y sudar un poco. Puede ser bailar, nadar, andar en bicicleta, jugar con una pelota, trepar árboles, hacer artes marciales o correr en el parque con el perro.

¿LA GENTE MAYOR DEBERÍA ENTRENAR?

Algunos músculos se transforman en grasa cuando envejecemos, por lo que es importante entrenar con regularidad para mantener la masa muscular.

¿CÓMO MANTIENEN EL CALOR CORPORAL?

Además de "arder" y "quemar calorías", los músculos también producen calor para mantener tu cuerpo cálido cuando la temperatura externa disminuye. Las calorías regulan una forma de calor vinculada a la energía. Esta energía sirve de combustible para que tus músculos actúen como un sistema de calefacción central.

¿QUÉ OCURRE CUANDO TEMBLAMOS DE FRÍO?

Tu cuerpo siente cuando el frío es una amenaza. El cerebro envía señales a los músculos de tu piel y los hace contraerse y relajarse muy rápido. Al hacerlo, liberan calor.

¿LOS MÚSCULOS PUEDEN ENCOGERSE?

Si no se los usa lo suficiente, se vuelven pequeños y débiles. Los astronautas usan menos músculos en el espacio, porque no están sujetos a la gravedad todo el tiempo. Para compensar eso, hacen ejercicio a diario. En la Estación Espacial Internacional, los astronautas entrenan dos horas al día.

¿QUÉ CAUSA LA PIEL DE GALLINA?

Los pequeños músculos que están en la base de la piel se contraen y se erizan los pelos, al tiempo que se abren levemente los poros de la piel. Este reflejo se llama piloerección, y se produce cuando tenemos frío, nos emocionamos o sentimos miedo.

¿POR QUÉ LOS ATLETAS PRECALIENTAN ANTES DE ENTRENAR?

Precalentar es una forma de preparar tus músculos en cámara lenta para realizar una actividad. Sirve para relajarlos, lo que hace que el ejercicio sea más fácil, y aumenta tu ritmo cardíaco y respiratorio, lo cual les da más sangre y oxígeno. Además, los calienta de verdad, ya que los músculos reciben oxígeno más rápido.

ÓRGANOS VITALES

¿QUÉ HAY DENTRO DE TU CUERPO?

Todos los seres vivos (plantas y animales, vertebrados e invertebrados) están compuestos por células. Las bacterias que causan enfermedades son criaturas unicelulares, pero los humanos, obviamente, somos mucho más complejos. Tenemos unos 200 tipos diferentes de células y la mayoría son muy pequeñas, solo se pueden ver con un microscopio.

¿QUÉ SON LOS ÓRGANOS?

Las células animales o vegetales con funciones similares se agrupan para formar un tejido vivo. Cada tejido cumple una función específica, como recolectar agua (en el caso de las plantas) o recubrir tu intestino para que la comida avance con suavidad. Los distintos tejidos combinados forman tus órganos, los cuales cumplen funciones específicas. Tu corazón, por ejemplo, tiene tejido fibroso, muscular y células especiales que controlan los latidos. Estos órganos pueden agruparse en sistemas. Algunos datos de tus órganos te sorprenderán: la lengua, por ejemplo, es un órgano que te ayuda a hablar, masticar, saborear y tragar.

¿TU OJO ES UN ÓRGANO?

¡Sí! Es un órgano que reacciona a la luz y te permite ver. Está menos desarrollado en los bebes, que al nacer solo ven en blanco y negro.

¿QUÉ ES UN ÓRGANO HUMANO?

Los médicos definen a los órganos como un conjunto de tejidos agrupados de modo especial para cumplir funciones específicas. El cuerpo necesita realizar muchas funciones y los órganos están para ayudarlo. Ellos le dan sentido al mundo que te rodea, convierten lo que comes en energía, envían nutrientes hacia donde se necesitan y desechan las cosas que no son saludables.

¿LOS ÓRGANOS FUNCIONAN POR SEPARADO?

Tu cuerpo es como un conjunto de jugadores con distintos roles que se juntan para trabajar en equipo. Tus riñones filtran los desechos y los convierten en orina, y forman parte de un sistema mayor llamado sistema urinario. El corazón es el "corazón" del sistema circulatorio. El hígado, el páncreas y el bazo pertenecen al sistema digestivo.

¿CUÁNTOS ÓRGANOS TENEMOS?

Se cuentan de distintas maneras. Tenemos cinco órganos vitales: el cerebro, los pulmones, el corazón, el hígado y los riñones, y cerca de 70 más.

¿NACEMOS CON TODOS LOS ÓRGANOS?

Nuestros órganos se forman en los meses previos a nuestro nacimiento, por lo que desde el día uno, los tenemos a todos. Algunos, como el corazón, los pulmones y el hígado, ya han estado trabajando mucho. Otros, como los órganos reproductores, se terminan de desarrollar a medida que crecemos.

¿POR QUÉ TU CEREBRO TIENE EL CONTROL?

Recuerda que tu cuerpo es como un equipo. Para ser efectivo, los jugadores (los órganos) necesitan trabajar juntos. Siguen las órdenes de su entrenador, quien tiene un panorama general de todo. Tu cerebro es ese entrenador, ya que observa lo que ocurre y envía órdenes al resto del cuerpo todo el tiempo.

¿CÓMO HACE TU CEREBRO PARA CONTROLAR LAS COSAS?

El cerebro puede saber qué parte de tu cuerpo necesita un empujón y les ordena a las otras partes que ayuden. Si estás haciendo mucho ejercicio, por ejemplo, necesitas más oxígeno en los músculos de las piernas. Entonces tu cerebro pone a los pulmones y al corazón a trabajar en ello.

¿EXISTE COMIDA "PARA EL CEREBRO"?

Ciertos alimentos son buenos para el cerebro. El pescado, las nueces, la palta o aguacate, el brócoli y, prepárate... pequeñas cantidades de chocolate negro pueden mejorar la memoria, el aprendizaje y la concentración.

¿QUÉ PODEMOS ENSEÑARLE AL CEREBRO?

Lo entrenamos cuando aprendemos una nueva habilidad: leer, tocar la guitarra o esquiar. El cerebro almacena las instrucciones para usarlas más tarde. Estas son actividades conscientes porque las controlamos. Pero, a la vez, el cerebro cumple importantes funciones de modo automático. Por suerte, no tenemos que hacerle recordar cómo respirar o digerir la comida.

¿CUÁNTA SANGRE BOMBEA TU CORAZÓN?

Un cuerpo adulto tiene al menos 4 litros de sangre. Estos transportan químicos esenciales hacia cada parte del cuerpo y hacen que los músculos y órganos funcionen correctamente. La sangre completa el viaje al regresar de esas partes con desechos. Para mover esa cantidad todo el tiempo, necesitas una bomba fuerte y confiable: tu corazón.

¿CUÁNTA SANGRE BOMBEAMOS EN TODA UNA VIDA?

Tu corazón está compuesto por dos bombas con músculos muy fuertes que las contraen rítmicamente. Tu ritmo cardíaco, el número de contracciones, es de unos 90 por minuto. Con 2.500 millones de latidos en una vida promedio, tu corazón podría llenar de sangre 100 piscinas olímpicas.

¿POR QUÉ LA SANGRE ES ROJA?

La sangre que circula por tu cuerpo tiene distintas cantidades de oxígeno. Y este reacciona con una proteína rica en hierro que está presente en los glóbulos rojos (la célula más común en la sangre). Cuando el hierro entra en contacto con el oxígeno, se torna rojo. La sangre con mucho oxígeno es de un rojo brillante y se oscurece a medida que lo libera por tu cuerpo. Algunas criaturas, como las arañas y langostas, tienen cobre en lugar de hierro, lo que hace que su sangre sea azul.

¿QUÉ TAN LEJOS VIAJA LA SANGRE?

El cuerpo humano tiene unos 96.000 km de vasos sanguíneos. ¡Las células sanguíneas recorren estas autopistas y caminos muchas veces todos los días!

¿LO SABÍAS?

En la gente de piel clara, las venas que están más cerca de la superficie se ven azules, no rojas. Si bien su sangre es roja, esto ocurre por el modo en la que la luz atraviesa la piel.

¿POR QUÉ ES DIFÍCIL AGUANTAR LA RESPIRACIÓN?

Es doloroso cuando intentas hacerlo por mucho tiempo. Ese es tu cerebro avisándote que tienes que dejar trabajar a tus pulmones, ya que ellos obtienen el oxígeno con cada inhalación y expulsan dióxido de carbono y otros desechos cuando exhalas. Necesitas que tus pulmones te provean de aire para moverte, hablar, cantar y reír.

¿LO SABÍAS?

En un día normal, inhalas (y exhalas) más de 20.000 veces.

¿LOS PULMONES TIENEN MÚSCULOS?

Tus pulmones no pueden respirar sin ayuda. Y esa ayuda viene de un músculo grande debajo de ellos, llamado diafragma. Cuando se tensa, el aire entra a tu pecho (y pulmones). Cuando se relaja, reduce el espacio en tu pecho y te obliga a exhalar.

¿CUÁNTO TIEMPO PODEMOS AGUANTAR LA RESPIRACIÓN?

Algunos buzos de profundidad pueden hacerlo por más de 20 minutos, pero la mayoría de nosotros solo puede hacerlo por 1 minuto.

¿QUÉ OCURRE CUANDO NOS QUEDAMOS SIN AIRE?

A veces, quedarse sin aire es síntoma de una enfermedad, pero por lo general ocurre cuando has estado entrenando mucho. Ese trabajo extra de tus músculos pide más oxígeno y, en ocasiones, tu respiración no puede seguirle el ritmo. Tienes que detenerte, normalizar la respiración y luego continuar con los ejercicios.

¿POR QUÉ TENEMOS HIPO?

Es bastante fácil decir por qué tenemos hipo. Por lo general, ocurre cuando algo irritó tu estómago. Y también sabemos lo que es el hipo: una contracción repentina de tus músculos respiratorios. El "hip" se produce cuando una válvula en tu laringe se cierra. El verdadero misterio es el propósito del hipo. Los científicos aún no se ponen de acuerdo en ese tema.

¿BOSTEZAR ES CONTAGIOSO?

Sí, lo es, pero nadie sabe con seguridad por qué. Los seres humanos y los chimpancés son los únicos animales que bostezan cuando ven a otro hacerlo. Pero se pone más extraño... los niños muy pequeños no se contagian. Al crecer, las personas parecen aprender a copiar los bostezos. ¡Un simple bostezo puede contagiar a todos en una habitación!

¿A QUÉ VELOCIDAD ESTORNUDAMOS?

El aire sale de tu nariz y boca a más de 160 km/h cuando estornudas. Es una de las formas que tiene el cuerpo para mantener limpia tu nariz. Por lo general, no lo puedes controlar; es por eso que es un reflejo natural y no algo que puedas planear. Un estornudo típico puede contener hasta 40.000 gotitas de líquido mezcladas con aire.

¿QUÉ TAN FUERTE ES EL ERUCTO MÁS RUIDOSO?

Un eructo es una forma inofensiva de eliminar el aire o gas que puedes haber tragado. Las sodas te hacen eructar porque están llenas de gas. Por lo general, puedes controlar cómo liberar este gas y hacer que sea silencioso. El récord del eructo más ruidoso es de 107 decibeles, tan ruidoso como una cortadora de césped que pasa a tu lado.

¿QUÉ TAN GRANDE ES EL ESTÓMAGO?

¡Bueno, depende del tamaño de tu cuerpo! El estómago mide como un puño, pero no ocupa todo el espacio en tu barriga. Los demás órganos del sistema digestivo también están allí. La primera parada de los alimentos ingeridos es el estómago, luego continúan por los intestinos.

¿POR QUÉ A VECES TE RUGE LA BARRIGA?

Los músculos de tu estómago están constantemente exprimiendo la comida para degradarla. Algunas veces, la comida expulsa gases... que rugen en tu interior.

¿TIENES UN NUEVO ESTÓMAGO LUEGO DE ALGUNOS DÍAS?

De cierto modo, sí. El estómago tiene cuatro capas, y la capa interna está en contacto con ácidos muy fuertes que degradan la comida. Esa capa se reemplaza constantemente para proteger a las demás capas (que incluyen músculos) de esos ácidos.

¿CUÁNTO SE PUEDE ESTIRAR TU ESTÓMAGO?

El estómago tiene la forma de la letra J y tres funciones principales: almacenar la comida, convertirla en líquido y pasarla al intestino delgado. Necesita ser elástico para la primera función y puede expandirse hasta 20 veces su tamaño de reposo luego de una comida abundante.

¿CUÁNTO TIEMPO SE QUEDA LA COMIDA EN TU ESTÓMAGO?

Al estómago le toma de tres a cuatro horas convertir la comida sólida en una pasta líquida llamada quimo. Luego, esta avanza hacia los intestinos.

¿QUÉ OTROS ÓRGANOS SE ENCARGAN DE LA COMIDA?

Muchos órganos de tu cuerpo cumplen más de una función. Necesitan extraer los nutrientes esenciales de tu comida y también producir sustancias importantes. Algunos órganos menos conocidos, como el páncreas y la vesícula biliar, ayudan a las "estrellas", como el estómago, el hígado y los intestinos, a realizar su trabajo.

¿A QUÉ LLAMAMOS ALIMENTO RICO?

No siempre se refiere a su sabor. También define a un alimento con gran riqueza de nutrientes, proteínas o grasas. Por ejemplo, la mantequilla es rica en grasa, y el cuerpo necesita más tiempo para digerirla.

¿NUESTRO CUERPO NECESITA AZÚCAR?

Demasiada azúcar puede dañar tus vasos sanguíneos, pero muy poca le quita energía a tus músculos y órganos. El páncreas monitorea los niveles de azúcar en sangre. Produce un químico llamado insulina que se encarga del exceso de azúcar, y otro llamado glucagón que le pide a tu hígado que produzca más azúcar si los niveles son bajos. La diabetes es una enfermedad en la que el páncreas no procesa el azúcar correctamente.

¿POR QUÉ LA CACA TIENE COLOR CAFÉ?

El hígado produce una sustancia química llamada bilis para digerir las grasas. Una ración extra de bilis se almacena en un órgano llamado vesícula biliar. Cuando la bilis reacciona con las bacterias de tus intestinos, hace que los desechos se vuelvan de color café.

¿POR QUÉ VOMITAMOS?

Las náuseas, eso que sientes antes de vomitar, son una señal de que tu cuerpo necesita deshacerse de algo malo. Vomitar no es agradable, pero a menudo te sientes mejor una vez que lo haces, lo cual demuestra que es necesario. Ese malestar es un mensaje de tu cuerpo, como cuando un dolor evita que sigas usando músculos cansados o dañados.

¿CUÁL ES EL ÓRGANO MÁS OCUPADO?

Tu hígado realiza cientos de tareas para mantener a tu cuerpo en funcionamiento. No podrías vivir sin él; y es un órgano tan especial que puede regenerarse a partir de una porción de su masa original. Procesa la comida, almacena energía, elimina desechos y limpia tu sangre, entre muchas otras tareas importantes.

¿POR QUÉ LOS TRASPLANTES DE HÍGADO SON ESPECIALES?

Si trasplantas una parte del hígado a una persona enferma, esa parte crecerá hasta tener el tamaño normal; y la parte que se le quitó a la persona sana también volverá a crecer.

¿QUÉ TAN GRANDE ES EL HÍGADO?

Es el órgano interno más grande del cuerpo y pesa 1,4 kilos aproximadamente. Crece a la par de tu cuerpo y alcanza su tamaño completo a los 15 años: unos 15 cm de alto. Con más de 500 tareas, desde digerir comida hasta destruir toxinas y ayudar con la coagulación, no cabe duda de por qué es tan grande.

¿QUÉ SUSTANCIAS COMBATE EL HÍGADO?

Combate sustancias tóxicas externas, como drogas y alcohol, y al amoníaco, que tu cuerpo produce diariamente durante la digestión.

¿CUÁL ES LA FUNCIÓN MÁS IMPORTANTE DEL HÍGADO?

Si le preguntas a diez médicos especialistas por separado, obtendrás diez respuestas diferentes, porque el hígado hace mucho. Pero su función vital, algunas veces necesaria para salvarte la vida, es eliminar las sustancias tóxicas de tu sistema. Aunque, claro, las otras 499 (o más) funciones también son importantes.

¿PARA QUÉ SIRVEN LOS RIÑONES?

Tus dos riñones –del tamaño de un puño y ubicados cerca de la mitad de tu espalda– filtran la sangre para remover desechos y exceso de agua. Cerca de 200 litros de sangre pasan por ellos todos los días. La sangre sale más limpia, mientras que los desechos y el agua se descartan por la orina.

¿POR QUÉ A VECES LA ORINA ES CLARA?

La orina contiene diferentes desechos además de agua. Beber mucha agua reduce la concentración de desechos, lo que hace que el agua sea más acuosa y clara.

¿QUÉ OCURRE SI TUS RIÑONES FALLAN?

Si uno de ellos no funciona, podrías arreglártelas con el otro. Pero perder el segundo podría traerte serios problemas debido a la acumulación de desechos en la sangre. Las máquinas de diálisis pueden reemplazarlos: filtran la sangre y la regresan al cuerpo del paciente.

¿POR QUÉ ESTAMOS TAN LLENOS DE DESECHOS?

Tu sangre transporta nutrientes por todo el cuerpo. A veces, lleva algunos de los que ya tienes suficiente. Otras sustancias surgen por reacciones químicas dentro de las células, y se vuelven desechos; como si fuera el caño de escape de un coche. El líquido sale de tu cuerpo como sudor, por tu respiración, y también por la caca, pero la mayoría se elimina con la orina.

¿CÓMO SABES QUE NECESITAS HACER PIS?

La orina se acumula en un órgano llamado vejiga. Cuando la vejiga se llena, envía un mensaje a tu cerebro de que ¡es hora de vaciar el tanque!

85

¿HAY ÓRGANOS QUE NO HACEN NADA?

Puede parecer extraño pensar que tu cuerpo transporta equipaje que no tiene ningún propósito. Pero algunas partes de nuestro organismo parecen ser un suvenir del pasado, cuando nuestros ancestros las necesitaban para sobrevivir en condiciones muy diferentes. Con el tiempo, estas partes se hicieron más pequeñas, pero no desaparecieron.

¿PARA QUÉ SIRVE EL APÉNDICE?

El apéndice es un pequeño saco que se encuentra conectado al intestino grueso. Este último se ocupa de la digestión; mientras que el apéndice no parece digerir nada. Muchos científicos creen que alguna vez ayudó a nuestros ancestros, los simios, a digerir hojas y ramas pequeñas.

¿EN VERDAD TENEMOS RABO?

Si miras por detrás a cualquiera de tus amigos, no encontrarás ningún rabo. Pero todos los humanos tenemos un hueso llamado coxis justo en la base de la espalda. Es lo único que queda de la cola que nuestros ancestros tenían hace millones de años, tal como los monos de hoy.

CÉLULAS Y SISTEMAS

¿CUÁNTAS CÉLULAS TENEMOS?

Los humanos, al igual que otros seres vivos, estamos compuestos por grupos de células. Son los componentes básicos de tu cuerpo, capaces de crecer y reproducirse. Las células se agrupan para formar los sistemas que supervisan todas las funciones que mantienen sano a tu cuerpo. Es difícil calcular, pero estudios recientes estiman que tenemos cerca de ¡37 billones de células!

¿LO SABÍAS?

Hay aproximadamente cinco millones de glóbulos rojos en una gota de sangre. Los hombres, por lo general, tienen más que las mujeres.

¿QUÉ HACEN LAS CÉLULAS?

Cumplen funciones especiales como brindar energía, combatir enemigos, llevar desechos y muchas más. A los grupos de células similares se los conoce como tejidos. A los tejidos que trabajan en conjunto se los conocen como órganos, y a los grupos más grandes de células que trabajan por todo el cuerpo con diferentes redes se los llama sistema.

¿PUEDES VER LAS CÉLULAS A SIMPLE VISTA?

Necesitarás un microscopio para ver a las células, pero puedes ver grupos de ellas (tejidos y órganos) con facilidad.

¿POR QUÉ LAS CÉLULAS TIENEN DIFERENTES FORMAS?

Porque cumplen funciones diferentes. Los glóbulos rojos, por ejemplo, tienen forma de dona, ya que es la mejor manera de flotar en la sangre para transportar oxígeno. Las neuronas, en cambio, tienen brazos largos que parecen cables pequeños, ideales para llevar señales eléctricas hacia tu cerebro y otras partes del cuerpo.

¿CUÁLES SON LOS "SISTEMAS" DE TU CUERPO?

Hay al menos diez sistemas que realizan las tareas necesarias para que tu cuerpo funcione bien. Estos son algunos de ellos:

- El sistema circulatorio: lleva la sangre por todo tu cuerpo.
- El sistema óseo: te da sostén, te protege y te ayuda a mover.
- El sistema nervioso: lleva mensajes y envía señales.
- El sistema respiratorio: recibe el aire y expulsa el dióxido de carbono.
- El sistema muscular: te ayuda a mover, a respirar y a funcionar.
- El sistema digestivo: absorbe los nutrientes de la comida y elimina los desechos.

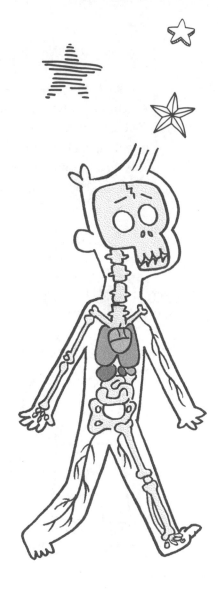

¿LA PIEL ES UN ÓRGANO O UN SISTEMA?

La respuesta es ¡ambos! Es el órgano más grande del cuerpo, pero como también combate enfermedades, almacena grasas y elimina desechos es un sistema.

¿LOS SISTEMAS TRABAJAN SOLOS?

No, muchas veces dos o más sistemas trabajan juntos para cumplir una función. Tus músculos, por ejemplo, necesitan oxígeno y nutrientes. El sistema respiratorio les provee el oxígeno, y el circulatorio lo lleva hacia cada parte del cuerpo. Algo similar ocurre cuando digieres comida, eliminas desechos y combates infecciones.

¿DORMIR AYUDA A LOS SISTEMAS DEL CUERPO?

Dormir regularmente o descansar luego de hacer ejercicio ayuda a que tus sistemas se mantengan fuertes.

¿CÓMO EMPEZASTE?

El material más pequeño de tu mamá y papá se combinaron para crear algo especial... a ti. Dentro de ese material estaba toda la información que tu cuerpo necesitaba para convertirse en un ser humano.

¿EN VERDAD EMPEZAMOS SIENDO DOS CÉLULAS?

Un espermatozoide de tu papá se combinó con un óvulo dentro de tu mamá. El espermatozoide tuvo que competir contra otros millones de compañeros que también intentaban alcanzar al óvulo. Las mujeres, por lo general, producen un solo óvulo por mes.

¿QUÉ SON LOS NACIMIENTOS MÚLTIPLES?

A veces, un óvulo fertilizado se divide y produce dos gemelos o, incluso, trillizos. Los mellizos se forman cuando los espermatozoides alcanzan dos óvulos distintos.

¿CUÁNTO TIEMPO ESTAMOS DENTRO DE MAMÁ?

El período que transcurre desde la unión del espermatozoide con el óvulo hasta el nacimiento se llama gestación. Normalmente, dura 40 semanas. En ese tiempo, nos desarrollamos y crecemos para poder comer y respirar cuando nazcamos.

¿CÓMO VIAJA LA SANGRE?

Tu sangre viaja por una red de canales grandes y pequeños llamados vasos sanguíneos. Sale del corazón y pulmones por las arterias y regresa por las venas para ser renovada una vez más. Este movimiento de ida y vuelta se llama circulación y, por eso, tu sangre es parte del sistema circulatorio.

¿QUÉ TAN RÁPIDO VIAJA LA SANGRE?

Le toma solo un minuto hacer el viaje desde tu corazón hacia todo el cuerpo y regresar una vez más al corazón.

¿QUÉ ES EXACTAMENTE LA SANGRE?

Es una mezcla de glóbulos rojos (que transportan oxígeno), glóbulos blancos (que combaten infecciones), plaquetas (que reparan los tejidos dañados) y un líquido amarillento llamado plasma. Además de alimentar y proteger tu cuerpo, puede enfriarlo cuando hace mucho calor afuera. Para ello envía más sangre hacia la piel, lo que produce mayor sudor: el mecanismo del cuerpo para enfriarte.

¿CÓMO SE FORMAN LOS MORETONES?

Un golpe puede causar que se rompan algunos vasos sanguíneos pequeños. La sangre se filtra y llena parte de esa área. Las células sanguíneas dañadas flotan hacia la superficie de la piel y forman un moretón en la zona dañada.

¿CUÁLES SON LOS VASOS SANGUÍNEOS MÁS PEQUEÑOS?

Los más pequeños, por donde la sangre pasa hacia los tejidos que los rodean, son los capilares. Algunos solo tienen el ancho de una célula.

¿CÓMO ENVÍA MENSAJES TU CUERPO?

Tu cuerpo necesita una red para enviar y recibir mensajes; ya sea para pedir más sangre, combatir una infección o, simplemente, para decir lo bien que huele una pizza. El sistema nervioso cumple esa función, ya que transmite señales desde tu cerebro hacia cualquier parte del cuerpo.

¿QUÉ ES UN REFLEJO?

Es una reacción rápida y automática que tu cuerpo usa para protegerse; como parpadear cuando hay mucha luz o apartar la mano del fuego.

¿CÓMO ENTIENDE LA INFORMACIÓN TU CEREBRO?

El sistema nervioso central está compuesto por el cerebro y la médula espinal (en la columna). La información entrante se procesa en áreas especiales dedicadas al sonido, la vista, el movimiento y otras. Los nervios sensitivos envían impulsos al cerebro y los nervios motores devuelven la respuesta.

¿QUÉ OCURRE CUANDO NOS SONROJAMOS?

Tu cuerpo reacciona a una situación incómoda liberando adrenalina. Esto causa que fluya más sangre, en especial, hacia tu rostro (en donde hay muchos vasos sanguíneos).

¿TUS NEURONAS ESTÁN LLENAS DE ELECTRICIDAD?

El sistema nervioso conecta miles de millones de células nerviosas, o neuronas, en una serie de caminos que van desde y hacia el cerebro. A las señales que viajan por esta red se las conoce como impulsos, los cuales combinan electricidad y química para pasar de una neurona a otra. La conexión entre ellas se llama sinapsis.

¿TODOS LOS SERES VIVOS RESPIRAN?

Los animales y plantas necesitan ciertos gases para sobrevivir y deben eliminar otros que son dañinos. Incluso las bacterias respiran para vivir. Las plantas absorben dióxido de carbono y "exhalan" oxígeno. Nosotros hacemos lo contrario: inhalamos oxígeno y exhalamos dióxido de carbono y otros desechos.

¿QUÉ ES LA LARINGE?

Es una especie de caja fonadora que contiene unos pliegues (cuerdas vocales) que vibran para producir sonido cuando el aire pasa entre ellos.

¿CUÁNTO OXÍGENO HAY EN EL AIRE?

Cerca de una quinta parte del aire que respiramos es oxígeno. El resto suele ser nitrógeno con pequeñas cantidades de otros gases. Nuestro cuerpo no extrae todo ese oxígeno: el aire que exhalamos contiene una sexta parte de oxígeno, más el dióxido de carbono producido como desecho.

¿CÓMO OBTIENEN OXÍGENO LOS MÚSCULOS?

El oxígeno es transportado por el sistema circulatorio en los glóbulos rojos. Los músculos necesitan oxígeno para, al igual que el fuego, quemar cosas. Así queman azúcares y grasas, y liberan energía por medio de reacciones químicas.

¿EL EJERCICIO AYUDA A TUS PULMONES?

Tus músculos funcionan mejor si haces ejercicio seguido. Gradualmente, necesitarán menos oxígeno y producirán menos dióxido de carbono; entonces: sí, hacer ejercicio les da una mano.

¿CÓMO COMBATE UNA ENFERMEDAD TU CUERPO?

Tu sistema inmunológico puede recurrir a la mayoría de los sistemas para algo muy importante: mantenerte sano y defenderte de virus, bacterias y parásitos. Es capaz de identificar problemas, encontrar las armas adecuadas para la batalla y asegurarse de que estés preparado para la próxima vez que te enfrentes a esa amenaza.

¿LO SABÍAS?

No todas las bacterias son malas. Más de 500 tipos diferentes de bacterias te ayudan a digerir la comida, eliminar desechos y... matar a las bacterias malas.

¿QUÉ ES EL SISTEMA LINFÁTICO?

Tu cuerpo tiene una red de canales que transportan linfa, un líquido claro que contiene proteínas y glóbulos blancos para combatir enfermedades. La linfa también transporta desechos, los cuales se filtran en unos nódulos llamados ganglios linfáticos. Estos tienen un abastecimiento extra de glóbulos blancos y proteínas para combatir enfermedades.

¿HAY QUE COMER CUANDO TENEMOS FIEBRE?

Evítalo. Si comes y activas tu sistema digestivo, le darás trabajo extra a tu cuerpo cuando en realidad necesita concentrarse en otras tareas.

¿LA FIEBRE ES BUENA?

Sí. No solo es una señal de que estás enfermo, también es la manera que tiene tu cuerpo de combatir a los gérmenes. Una parte de tu cerebro sube la temperatura para que sea demasiado caluroso y los gérmenes no resistan.

¿QUÉ PASA CON LA COMIDA QUE COMEMOS?

Tal vez quieras comer helado y chocolate todo el día, pero tu cuerpo necesita distintos tipos de combustibles para funcionar bien. El sistema digestivo se encarga de convertir los bifes, brócoli, espaguetis y pastelitos (en otras palabras, la comida) en combustible para tu cuerpo.

¿CUÁNDO EMPIEZA LA DIGESTIÓN?

¡Incluso antes de la primera mordida! Cuando ves comida y se te hace la boca agua, ya estás preparando saliva para comenzar la digestión.

¿POR QUÉ LOS INTESTINOS SON TAN LARGOS?

Tu intestino delgado (más largo y angosto que tu intestino grueso) absorbe los nutrientes de los alimentos que pasan por su interior. Su longitud (unos 6 metros si estuviera estirado) brinda una superficie amplia para capturar comida. En su interior, además, posee unos pelitos llamados vellosidad intestinal que ayudan con la tarea.

¿CUÁNTO TIEMPO LLEVA DIGERIR UNA COMIDA ABUNDANTE?

Desde que terminas de comer hasta que se extrae el último nutriente pueden pasar unas ocho horas. En ese tiempo, la comida pasa por el estómago, el intestino delgado y el intestino grueso, en donde colecta los últimos restos de agua y elimina las sobras como desecho.

¿POR QUÉ EL ESTÓMAGO NO SE DIGIERE A SÍ MISMO?

Porque está revestido por una mucosa viscosa que lo protege de los ácidos que degradan la comida.

¿QUÉ HACEN LAS HORMONAS?

Son mensajeras químicas que transportan información entre las células. Se producen en las glándulas y controlan tu crecimiento, estados de ánimo, metabolismo (obtener combustible de la comida) y reproducción. Juntas conforman el sistema endocrino.

¿LOS HOMBRES Y MUJERES TIENEN LAS MISMAS GLÁNDULAS?

En su mayoría, sí, pero tienen distintas glándulas reproductivas (los ovarios y testículos) que les permiten tener bebés.

¿CUÁNTAS GLÁNDULAS TENEMOS?

El cuerpo humano posee ocho glándulas principales, todas controladas por estímulos del sistema nervioso. Tu cerebro es el hogar de dos glándulas muy importantes: la hipófisis y el hipotálamo. La primera es la glándula "maestra" que controla a otras glándulas del cuerpo y produce las hormonas de crecimiento. El hipotálamo regula la temperatura corporal, el hambre, la sed y tu estado de ánimo.

¿TODAS LAS GLÁNDULAS PRODUCEN HORMONAS?

No. Algunas producen sustancias que salen de tu cuerpo, como lágrimas, sudor, saliva y la leche de una madre para su bebé.

¿PUEDEN LAS GLÁNDULAS ENVIARTE A DORMIR?

¡Pueden y lo hacen! La glándula pineal tiene la forma de un fruto de pino y se encuentra en tu cerebro. Es sensible a los cambios de luz y produce una hormona llamada melatonina cuando hay poca luz. Esta hormona te da sueño y regula tus hábitos naturales de sueño.

¿POR QUÉ SOMOS DE DIFERENTE ESTATURA?

A veces, la dieta juega un rol importante en la rapidez de nuestro crecimiento, y claro, también podemos usar tacones altos, pero eso no cambiará nuestra estatura final. Al igual que todo lo que te hace ser tú, esta información fue determinada en tus células antes de que nacieras. Probablemente, debas agradecérselos –o culpar– a tu mamá y a tu papá.

¿POR QUÉ LOS HOMBRES SUELEN SER MÁS ALTOS QUE LAS MUJERES?

Los científicos tienen diferentes respuestas a esta pregunta, que van desde una necesidad de nuestros ancestros (ahora parte de nuestros genes) hasta simplemente para diferenciarnos. El mecanismo es más fácil de explicar: las niñas maduran más temprano y dejan de crecer, mientras que los niños aún tienen otros 2 o 3 años más para crecer.

¿QUÉ TAN ALTO PUEDE MEDIR UNA PERSONA?

Todo lo que supere 1,80 metros está por encima del promedio, aunque no es muy raro que los hombres midan hasta 2,10 m. Uno de los hombres más altos de la historia, Robert Wadlow, usaba ropa de adulto cuando tenía 5 años y creció hasta los ¡2,72 m!

¿POR QUÉ EL PELO SE PONE BLANCO?

Con el tiempo el cabello pierde el pigmento que le dio el tono castaño o negro... y al quedar transparente, se ve plateado o blanco.

¿POR QUÉ ALGUNAS PERSONAS TIENEN EL PELO COLORADO?

Nuestras células contienen mucha información complicada, tal como un programa de computadora. Esta se encuentra en los genes, los cuales contienen las instrucciones (heredadas de mamá y papá) para nuestros ojos, estatura, inteligencia y... el color del cabello, ya sea colorado, castaño, rubio o negro.

SENTIDOS Y SENSACIONES

¿QUÉ TAN OCUPADO ESTÁ TU CEREBRO?

Piensa en todo lo que te sucede ahora mismo. Incluso cuando estás concentrado o pensando en ello, miles de otras cosas están ocurriendo a tu alrededor y en tu interior. Por suerte, tu cerebro puede darle sentido a todo y evitar la confusión total.

¿TU CEREBRO NECESITA EJERCICIO?

¡Sí! Los médicos recomiendan leer, tocar un instrumento y armar rompecabezas para mantener a tu cerebro "en forma" camino a la vejez.

¿TU CEREBRO ES COMO UNA COMPUTADORA?

En muchos sentidos sí, ya que analiza información todo el tiempo y actúa en función a esos estímulos. Pero ni siquiera las computadoras más avanzadas pueden igualar la velocidad con la que tu cerebro envía información. ¡La computadora más poderosa es incluso 30 veces más lenta que tu cerebro!

¿QUÉ TAN GRANDE ES EL CEREBRO HUMANO?

Un cerebro adulto pesa cerca de 1,5 kg; casi lo mismo que una gallina mediana. Y mide cerca de 15 cm de largo.

¿NOTAMOS TODO LO QUE OCURRE A NUESTRO ALREDEDOR?

Por lo general, nos concentramos en una cosa e ignoramos otras. Esto se llama atención selectiva. En un experimento, unos científicos le pidieron a un grupo de personas que contaran cuántas veces los basquetbolistas se pasaban la pelota en un video corto. ¡Las personas se concentraron tanto en contar, que no vieron al gorila que pasaba entre los jugadores!

¿POR QUÉ NECESITAS LOS OJOS?

La vista es uno de los sentidos más importantes para los humanos. Incluso decir "ya veo" en muchos idiomas significa "entiendo". Tus ojos realizan una excelente tarea al observar lo que te rodea y enviar esa información a tu cerebro. La vista es tan importante que casi la mitad de tu cerebro trabaja en ella. Pero, a veces, incluso estas herramientas de precisión necesitan un ajuste.

¿QUÉ OCURRE CUANDO VEMOS DOBLE?

Si nuestros ojos no miran en la misma dirección, tu cerebro no puede formar una imagen 3D única y, entonces, ves doble.

¿POR QUÉ TENEMOS DOS OJOS?

La luz y las imágenes atraviesan tus ojos y llegan a la retina, donde se convierten en señales eléctricas que viajan hasta el cerebro. Un solo ojo serviría, pero no podríamos saber bien la profundidad o distancia. El cerebro analiza dos imágenes levemente diferentes de cada ojo e interpreta qué tan lejos están los objetos.

¿TUS OJOS SIEMPRE SON IGUALES?

No siempre. Algunos niños desarrollan un "ojo vago" que ve con menor claridad que el otro.

¿CÓMO AYUDAN LAS GAFAS A VER?

Las imágenes pasan por el cristalino (estructura curvada y transparente) en tu ojo y se proyectan sobre la retina. Algunos cristalinos pierden su forma y dejan de enviar imágenes claras, tal como una cámara fuera de foco. Las gafas tienen lentes especiales que corrigen este problema.

¿CÓMO ESCUCHAS LOS SONIDOS?

Los sonidos son vibraciones que crean ondas que pasan por el aire y son captadas por nuestros oídos. Los oídos convierten esas vibraciones en señales eléctricas que van directo al cerebro. Como una radio que recibe señales, el cerebro las transforma en los sonidos que escuchamos.

¿LOS RUIDOS FUERTES PUEDEN LASTIMARTE?

Los ruidos fuertes pueden matar células en tu oído interno. Si con el tiempo muchas de ellas mueren, puedes sufrir pérdida de la audición.

¿ES POSIBLE ESTAR EN COMPLETO SILENCIO?

En realidad, no... Incluso dentro de una sala a prueba de sonido, escucharíamos los zumbidos y latidos de nuestro propio corazón y nervios.

¿TUS OÍDOS PUEDEN HACERTE MAREAR?

El oído interno tiene dos funciones. La primera es traducir las vibraciones en señales eléctricas. La segunda, es ayudarte a mantener el equilibrio. Tu cerebro analiza el fluido dentro del oído interno para mantener tu cuerpo recto y balanceado. Te mareas cuando la información de este fluido no concuerda con la recibida por tus ojos.

¿POR QUÉ LOS OÍDOS TIENEN PLIEGUES DE PIEL?

Estos pliegues funcionan como un embudo para atrapar ondas de sonido y enviarlas al cerebro con más fuerza. Las ondas hacen que unos huesos pequeños en tu oído medio vibren. Y esas vibraciones provocan que las células de tu oído interno envíen señales eléctricas al cerebro, que las registra como sonidos.

¿QUÉ PUEDE SENTIR TU PIEL?

Recordemos que la piel es el órgano más grande del cuerpo. Cumple muchas funciones además de proteger lo que hay dentro. Una de las más importantes es enviar señales desde sus receptores, los cuales son sensibles al calor, al frío y a la presión, hacia el cerebro. Ese es tu sentido del tacto.

¿POR QUÉ ME "QUEMO" LA LENGUA?

La lengua es sensible al dolor y la presión, pero no tanto al calor. A veces, bebemos algo que está demasiado caliente, pero no nos damos cuenta hasta que ya tenemos la lengua "quemada".

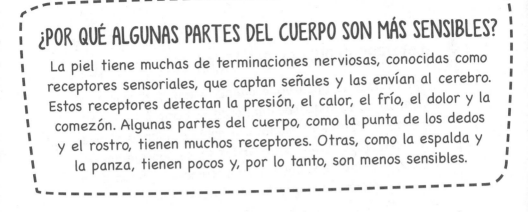

¿POR QUÉ ALGUNAS PARTES DEL CUERPO SON MÁS SENSIBLES?

La piel tiene muchas de terminaciones nerviosas, conocidas como receptores sensoriales, que captan señales y las envían al cerebro. Estos receptores detectan la presión, el calor, el frío, el dolor y la comezón. Algunas partes del cuerpo, como la punta de los dedos y el rostro, tienen muchos receptores. Otras, como la espalda y la panza, tienen pocos y, por lo tanto, son menos sensibles.

¿CÓMO ALGUNAS PERSONAS LEEN CON LAS MANOS?

Muchas personas no videntes pueden usar sus dedos para seguir patrones de puntos en una página, conocido como el sistema de escritura Braille.

¿QUÉ OCURRE CUANDO NOS HACEN COSQUILLAS?

Las señales nerviosas de un toque suave pasan cerca de la zona que detecta el placer. Por eso, cuando nos hacen cosquillas, solemos reímos. Pero el cerebro también filtra información que no es importante; entonces, si intentas hacerte cosquillas a ti mismo, no se deja engañar e ignora el impulso de reír.

¿EN VERDAD PUEDES SABOREAR CON LA NARIZ?

¿Se te hace la boca agua cuando sientes el olor a la lasaña que se está cocinando en el horno? ¿Y notas que no le sientes el gusto a la comida cuando tienes la nariz tapada por un resfrío? Estos son ejemplos de cómo tu nariz y boca actúan como un equipo para hacer funcionar el sentido del gusto.

¿POR QUÉ ESTORNUDAS?

Tu nariz tiene su propio tejido productor de mucosidad. Este evita que sustancias indeseadas invadan tu cuerpo, pero si tienes un resfriado o alergia, produces más de la normal y ¡necesitas eliminar un poco! ¡Achís!

¿CUÁNTOS SABORES PODEMOS SENTIR?

Todas las comidas tienen moléculas disueltas que las papilas gustativas de tu lengua detectan. Ellas envían señales a tu cerebro cuando obtienen el gusto principal: dulce, agrio, salado, amargo y umami (un gusto fuerte en los tomates, la salsa de soja y algunos quesos y carnes cocidas).

¿QUÉ DIFERENCIA HACE EL OLFATO?

Tal vez, te sorprenda saber que casi tres cuartas partes de lo que saboreas provienen del sentido del olfato. Tu nariz detecta moléculas que le dan a cada objeto su aroma particular. Envía esas señales hacia el cerebro y este capta el sabor básico. Sin el olfato, no podrías diferenciar entre dos comidas agrias o saladas distintas.

¿CUÁL ES LA COMIDA MÁS APESTOSA?

Una de las respuestas más frecuentes es una fruta asiática conocida como durián; huele tan mal que está prohibida en muchos autobuses y trenes.

¿EL DOLOR ES BUENO?

A nadie le gusta sentir dolor, pero sin él estarías en grandes problemas. El dolor funciona como sistema de alarma del cuerpo. Es la manera que tiene de decirte que dejes de hacer algo que podría ser muy peligroso; tal como golpearte el pulgar con un martillo o caminar después de doblarte el tobillo.

¿LA JAQUECA ES UN DOLOR EN EL CEREBRO?

No. El cerebro tiene muy pocos receptores de dolor, por lo que no puede enviar este tipo de señales. El dolor de cabeza generalmente es causado por un dolor en los músculos de la cabeza y el cuello.

¿HAY PERSONAS QUE NO SIENTEN DOLOR?

Algunas personas –por suerte, muy pocas– nacen sin poder sentir dolor. Su sistema nervioso no envía esas señales de advertencia esenciales hacia el cerebro. Ocasionalmente, una enfermedad puede causar la pérdida del sentido del dolor y correr los mismos riesgos.

¿EN VERDAD TENEMOS UN HUESO DE LA RISA?

Lo que conocemos como "hueso de la risa", la parte del codo que te da una sensación zumbadora cuando la golpeas, en realidad es un nervio que viaja pegado al hueso de tu brazo.

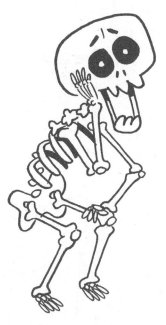

¿EL DOLOR SIEMPRE APARECE EN DONDE HAY UN PROBLEMA?

Por lo general, sí. Te indica qué dedo te acabas de doblar o en dónde te golpearon con el codo. Pero el dolor en la boca, en especial en los dientes, puede ser confuso. La red de nervios que hay en tu mandíbula está tan entrelazada que el diente problemático no siempre está cerca del dolor más fuerte.

¿POR QUÉ NOS CAMBIA EL HUMOR?

Durante años, no se supo con certeza cómo se producían los estados de ánimo y las emociones (felicidad, tristeza o miedo). Ahora sabemos que están conectados con químicos y cambios eléctricos de nuestro cuerpo. La comida, la luz del sol, el ejercicio e incluso nuestras mascotas pueden generar estos cambios.

¿POR QUÉ LOS PERROS VISITAN HOSPITALES?

Algunos pacientes se sienten más felices y se recuperan más rápido si tienen la oportunidad de acariciar a un perro u otra mascota.

¿LA LUZ DEL SOL AFECTA TUS EMOCIONES?

Cuando la luz del sol llega a tu piel, tu cuerpo produce vitamina D, la cual se encarga de fabricar la hormona de la felicidad llamada serotonina.

¿CORRER TE PUEDE HACER FELIZ?

Nuestros cuerpos producen químicos llamados hormonas que llevan mensajes hacia todo el cuerpo. Algunas nos ayudan a combatir enfermedades y otras afectan nuestros estados de ánimo. Hacer ejercicio libera algunas hormonas positivas que mejoran nuestro estado de ánimo. Por eso se suele hablar de "la euforia del corredor".

¿LOS MÉDICOS PUEDEN MEDIR LA FELICIDAD?

Pueden medir la actividad cerebral cuando la gente está feliz. Otros especialistas ayudan a la gente a relajarse y a examinar sus propios sentimientos y estados de ánimo. Estas conversaciones relajadas se llaman terapia y ayudan a las personas a mantener una visión saludable de la vida.

¿POR QUÉ LLORAMOS?

Llorar puede ser una señal de tristeza, pero tus ojos también producen lágrimas en otras circunstancias. Algunas lágrimas son provocadas por tus sentimientos, pero otras aparecen con frecuencia cuando hay polvo y otras cosas que no deberían entrar en nuestros ojos.

¿POR QUÉ LLORAN LOS RECIÉN NACIDOS?

El llanto es el primer recurso que tienen los bebés para obtener oxígeno del aire, más que de la sangre de su madre. Aunque no producen lágrimas hasta luego de algunas semanas.

¿SIRVE TENER UN "BUEN LLANTO"?

Los científicos descubrieron que el cuerpo produce un calmante natural cuando lloramos, por lo que llorar, quizás, realmente ayuda.

¿POR QUÉ SE NOS TAPA LA NARIZ CUANDO LLORAMOS?

Algunas lágrimas se escurren por pequeñas aberturas en tus párpados y terminan dentro de tu nariz. Muchas las tragas, pero otras se mezclan con tus fluidos nasales y te hacen sentir resfriado. El resto caen por tus mejillas.

¿LLORAMOS SOLO DE TRISTEZA?

Otras emociones fuertes –en especial, la felicidad repentina– también nos pueden hacer llorar. Y, como llorar es una de las mejores limpiezas, también protege nuestros ojos contra olores y partículas dolorosas. Solo piensa cómo lloramos cuando cortamos una cebolla.

¿POR QUÉ TIENES QUE DORMIR?

Todas las noches –y a veces algunas horas del día– te las pasas durmiendo, pero ¿qué es lo que realmente le ocurre a tu cuerpo? Dormir le da la oportunidad de reconstruirse sin estar constantemente activo. Tus músculos crecen, se reparan tejidos y tu cuerpo se restaura. También le permite a tu mente procesar y almacenar información, para que estés listo para el próximo día.

¿QUÉ ES SER SONÁMBULO?

Son aquellas personas que se sientan en la cama e, incluso, se levantan, caminan y hablan dormidas, por lo general, una hora después de haberse acostado.

¿CUÁNTO DEBERÍAMOS DORMIR?

A medida que crecemos necesitamos menos horas de sueño: 16 horas para los bebés, 9 horas para los adolescentes y, eventualmente, menos de 7 horas para los adultos. Durante una vida promedio, nos pasamos unas ¡200.000 horas durmiendo! (Unos 23 años.)

¿POR QUÉ NOS DESPERTAMOS?

Las células de tu cuerpo necesitan más nutrientes y oxígeno, por lo que le piden a tu cuerpo que se active de nuevo, para que puedas comer y aumentar tu ritmo cardíaco.

¿QUÉ OCURRE SI NO DORMIMOS?

La gente sufre cuando pasa una noche sin dormir o se despierta todo el tiempo. Una persona puede dormir por más de 8 horas, pero si ese sueño se interrumpe, puede despertarse y sentirse cansada. Pasar largos períodos sin dormir puede afectar nuestro humor y nuestra salud física y mental.

¿TODOS SOÑAMOS AL DORMIR?

Todos lo hacemos. La gente que piensa que no tiene sueños es simplemente porque no los recuerda. Soñar es parte de un ciclo que se desarrolla cuando dormimos. Y, si bien sabemos mucho sobre los sueños, los expertos aún no se ponen de acuerdo en por qué soñamos... y qué significan los sueños.

¿ALGUNAS COMIDAS DAN PESADILLAS?

Comer tarde, más que comer determinados alimentos, puede perturbar tu descanso y darte sueños desagradables: las pesadillas.

¿QUÉ OCURRE CUANDO SOÑAMOS?

Tu sueño nocturno sigue un patrón o ciclo. En su mayoría, son horas de sueño profundo. Pero varias veces durante ese ciclo, atraviesa una etapa de Movimientos Oculares Rápidos (REM, en inglés). Esta etapa refleja qué tan activo está tu cerebro, mientras los impulsos nerviosos se desarrollan y forman los sueños.